W0345464

William Martin

Das Tao te king für Eltern

道

William Martin

Das Tao te king für Eltern

Vorwort von Dan Millman

AURUM

Das amerikanische Original erschien unter dem Titel
The Parent's Tao Te Ching im Verlag Marlowe & Company, New York.

Ins Deutsche übersetzt von Ulla Rahn-Huber
Illustrationen: Hank Tusinski
Umschlaggestaltung: Thomas Schröder

Die Deutsche Bibliothek – CIP-Einheitsaufnahme

Martin, William:
Das Tao-te-king für Eltern / Martin Wlliam. Vorw. von Dan Millman.
[Ins Dt. übers. von Ulla Rahn-Huber].Braunschweig: Aurum 2000
Einheitssacht.: The parent`s tao te ching <dt.>
ISBN 3-591-08465-4

2000
ISBN 3-591-08465-4
© 1999 William Martin
© Illustrationen 1999 Hank Tusinski
© Vorwort 1999 Dan Millman
© der deutschen Ausgabe Aurum Verlag GmbH, Braunschweig
Gesamtherstellung: Westermann Druck Zwickau GmbH

Für meine Kinder John und Lara.
Sie sind die wunderbarsten Geschöpfe.

Eine Kunst, die wir im Tun erlernen

Es kommt nur selten vor, dass es jemandem gelingt, einen Klassiker zu verbessern – ja, nicht nur ihn zu verbessern, sondern ihn sogar mit einem Schleifchen zu versehen und ihn der modernen Welt zum Geschenk zu machen. Eine solche Leistung bedarf eines Menschen von außerordentlicher Weisheit, Einsicht und Herzensgüte. Bill Martin ist ein solcher Mensch. *Das Tao te king für Eltern* ist ein solches Buch. Zum ersten Mal seit dem *Tao te Puh* ist die taoistische Weisheit auf so praktische, einfühlsame und gelungene Weise auf den Kopf gestellt worden.

Es gibt nur wenige Dinge auf der Welt, die so bedeutsam sind wie gerade die Kindererziehung. Kinder sind unser Schatz, unsere Zukunft, unsere Unsterblichkeit, das wichtigste Glied in der Kette der Menschheit. Was könnte es besseres geben, als uns in ihren Dienst zu stellen? Wie könnten wir unsere Zuneigung besser zum Ausdruck bringen, als indem wir ihnen unseren Reichtum, unsere Hände und unsere Herzen schenken? Kinder erinnern uns daran, wer wir einmal waren und wer wir wieder sein könnten. Sie sind Ausdruck unserer Unschuld, unserer Reinheit, unsers Potentials.

„Kinder haben noch nie besonders gut auf das gehört, was ihnen ihre Eltern zu sagen haben", schrieb James Baldwin einmal, „aber eines gelingt ihnen immer: sie nachzuahmen." William Martin erinnert uns daran, dass wir unseren Kindern nur durch beispielhaftes Verhalten etwas beibringen können. Indem wir bewusster handeln und versuchen, „ein wenig liebevoller zu sein", um es mit den Worten Aldous Huxleys zu sagen, erziehen wir unsere

Kinder nicht nur, sondern geben ihnen auch höhere Werte mit auf den Weg.

Als Vater von drei und Großvater von zwei Kindern ist mir die Bedeutung der Elternschaft als Weg des spirituellen Wachstums zunehmend bewusster geworden. Elternschaft ist keine Angelegenheit für zart Besaitete und sicher nichts für jedermann. Kinder zu bekommen ist eine biologische Fähigkeit; sie zu erziehen ist eine Kunst, die wir im Tun erlernen. „Ein reifer Mensch muss nicht unbedingt Kinder in die Welt setzen", sagt ein Sprichwort, „aber Kinder tragen auf jeden Fall dazu bei, den Menschen reifer werden zu lassen."

William Martin bringt etwas von der Inspiration eines Kahlil Gibran, vielleicht sogar eines Rumi, in sein Werk ein und was auf diese Weise entsteht, ist keine abstrakte Lyrik, sondern göttlich praktische Prosa. Das *Tao te king für Eltern* ist ein Geschenk an Eltern überall auf der Welt. Es zeigt uns, zu welchen Menschen wir selbst werden können, wenn wir unseren Kindern in kunstvoller Weise auf ihrem Weg voranhelfen – ganz so, wie wir den Zweigen eines Baumes sanfte Führung geben, damit sie gerade und aufrecht der Sonne entgegen wachsen.

Da fällt mir ein weiteres Sprichwort ein: „Kinder sind keine Gefäße, die es zu füllen, sondern Kerzen, die es anzuzünden gilt." Das gilt übrigens auch für Eltern. Es gilt für uns alle. Indem wir bei der Erziehung unserer Kinder auf die Weisheit des Tao hören, erziehen wir uns selbst und erheben unsere Herzen.

Dan Millman

Einleitung

Das *Tao te king* wurde vor über zweitausendfünfhundert Jahren geschrieben. Man vermutet, dass es aus der Feder des sagenumwobenen chinesischen Weisen Laotse stammt. Es ist ein praktischer Ratgeber für Führer und Philosophen und versucht, Momente, in denen wir das unaussprechliche Tao wahrnehmen, in Worte zu kleiden. Der Legende zufolge schrieb Laotse die kurzen Sätze nur widerwillig nieder, denn er wusste, dass die Essenz des Tao in dem Augenblick, in dem er die Schriftzeichen zu Papier brachte, verloren gehen würde. Und doch sollte sein Werk neben der Bibel zum meistgedruckten Buch der Welt werden. Seine kurzen Gedanken bilden die Grundlage für das neuzeitliche Verständnis der taoistischen Weisheitslehre und haben sämtliche philosophischen Systeme nachhaltig beeinflußt.

Die Verse des *Tao te king* wurden in chinesischen Schriftzeichen niedergeschrieben, von denen jedes einzelne so viele Bedeutungen hat, dass sich der ganze Inhalt dieses Buches nur mit sehr vielen Worten und umfangreichen Erläuterungen vermitteln ließe. Und doch muss in jeder Übersetzung die einfache, direkte und prägnante Ausdrucksweise des Originals gewahrt bleiben. Das Buch, das Sie in Händen halten, ist keine Übersetzung des *Tao te king*. Es greift vielmehr die Weisheit des Tao auf und stellt sie in einer speziell für moderne Eltern aufbereiteten Form dar. Für all jene, die das *Tao te king* selbst studieren möchten, stehen eine ganze Reihe von ausgezeichneten Übersetzungen zur Verfügung.

Um die Botschaften des Tao für Eltern wiedergeben zu können, habe ich jeweils das herausgegriffen, was meiner

Ansicht nach die Essenz eines jeden einzelnen Kapitels bildet, und es zu einer Kombination aus freiem Vers und pointiertem Rat verflochten. Ganz bewusst habe ich mich dabei bemüht, nicht allzu viele Worte zu machen, da zu große Ausführlichkeit dem Geist des Laotse widersprechen würde. Dennoch habe ich versucht, ausführlich genug zu sein, um dem Leser eine praktische Hilfe zu geben.

Ich habe mich seit vielen Jahren eingehend mit dem *Tao te king* befasst. Die tiefen Einsichten und die Kraft seiner sanften Belehrungen haben meine spirituelle, meine emotionale, ja sogar meine physische Entwicklung nachhaltig beeinflusst, und zwar ganz besonders im Hinblick auf meinen abenteuerlichen Weg als Vater zweier bemerkenswerter Kinder. Die großen Themen, die das Tao durchziehen – Einheit, Urteilslosigkeit im Handeln, Nachahmung natürlicher Prozesse, Gleichgewicht zwischen Tun und Sein –, sind von zentraler Bedeutung für das Gedeihen einer liebevollen Beziehung zwischen Eltern und Kindern.

Wenn ich in diesem Buch von „Tao“ spreche, so ist damit das zentrale Konzept gemeint, das die Grundlage von Laotses Werk bildet, ein Begriff, der sich mit „Der Weg“ oder „Der Weg des Lebens“ übersetzen ließe. Manchmal erscheint mir der Gedanke hilfreich, sich darunter „den Weg des Natürlichen“ vorzustellen – also die Art und Weise, in der die Dinge ihren naturgemäßen Lauf nehmen. Es liegt im Wesen des Tao, dass es sich nicht für Definitionen eignet. Wie Laotse sagt: „Das Tao, das sich in Worte fassen lässt, ist nicht das ewige Tao.“ (Kapitel 1, *Tao te king*). Im Westen wurde das Tao gelegentlich mit der Vorstellung von Gott verknüpft. Mir selbst widerstrebt es, diese Verbindung herzustellen, da das Wort „Gott“ in den meisten Fällen mit allzu engen und sektiererischen Vorstellungen belegt ist. Hilfreicher ist es, sich das Tao als jenes Mysterium vorzustellen, das hinter all unseren menschlichen Vorstellungen und Definitionen von Gott steht – ein Mysterium, das sich nicht mit dem Netz menschlicher Begriffe und Definitionen einfangen lässt. Nur an ein oder zwei Stellen habe ich Worte wie „Gott“ oder „das Göttliche“ verwendet, um das Tao zu umschreiben. Es sei jedoch ausdrücklich darauf hingewiesen, dass diese Begriffe in ihrer umfassendsten Bedeutung zu verstehen sind. Ein Gott, der sich in Worte fassen lässt, ist nicht der ewige Gott.

Ich freue mich über die Tuschzeichnungen, die Hank Tusinski für dieses Buch angefertigt hat. Sie sind so schlicht, wie es der Natur des Tao entspricht. Das heißt, es sind einfache Darstellungen von natürlichen Motiven. Und gerade in ihrer Schlichtheit, Einfachheit und Natürlichkeit ist die taoistische Kunst für jedermann zugänglich. Ebenso wie Laotse so wenige Worte wie möglich gebrauchte, beschränkt sich der taoistische Künstler auf möglichst wenige Linien. Die Bilder von Künstlern wie Hank Tusinski sind von einer Lebendigkeit und Kraft, die weit über die Einfachheit der schlichten Pinselstriche hinausgehen. Ich kann nur hoffen, dass wir als Eltern zu der gleichen Kombination aus Entschlossenheit, Anmut und Einfachheit finden.

Ich bin meiner geliebten Frau Nancy in tiefer Dankbarkeit verbunden. Mit ihrer spirituellen Kraft und Liebe hat sie mir Dinge über den Tanz des Lebens beigebracht, die mir Worte nie hätten vermitteln können. Mein Dank und mein Segen gehen auch an meine beiden wunderbaren Kinder, Lara und John. Die Abenteuer, die ich mit ihnen erleben durfte, haben mein Herz erwärmt und mir oft eine Menge Sorgen bereitet. Aber immer haben sie mich auch mit unendlichem Staunen über das Mysterium des Lebens und der Liebe erfüllt. Meine Kinder sind inzwischen erwachsen und machen mir beide große Freude. Doch ihre Geschichte gehört ihnen, nicht mir.

Gesegnet seien alle Eltern überall auf der Welt. Liebe und Dank an alle Kinder.

William Martin

William Martin, …

… Vater zweier erwachsener Kinder, John und Lara, hat sich seit zehn Jahren eingehend mit dem Tao befasst. Er ist Absolvent der Universität von Kalifornien in Berkeley sowie des Western Theological Seminary und hat als Forschungswissenschaftler für die Marine ebenso gearbeitet wie als Seelsorger und Hochschuldozent für Gesprächsführung, Kommunikation und Humanwissenschaften. Heute betreibt er gemeinsam mit seiner Frau Nancy *The Still Point*, ein Seminar- und Beratungszentrum in Chico, Kalifornien. Er unterrichtet Tai Chi Chuan und Zen-Meditation und leitet Workshops und Seminare zu den Themen Stufen der spirituellen Entwicklung und religiöses Burnout-Syndrom. Er lebt mit seiner Frau in Chico, Kalifornien.

William Martin ist unter folgender e-mail-Adresse zu erreichen: parentstao@innocents.com

道

Das Tao te king für Eltern

1

Worte des Lebens

Du kannst deinen Kindern vom Leben erzählen,
aber deine Worte sind nicht das Leben selbst.
Du kannst ihnen zeigen, was du siehst,
doch dein Zeigen und ihr Sehen
bleiben stets verschiedene Dinge.

Du kannst ihnen nichts vom Göttlichen selbst sagen.
Aber du kannst die millionenfachen Manifestationen
seiner Wirklichkeit mit ihnen teilen,
die sich in jedem Augenblick vor ihnen ausbreiten.
Da diese Manifestationen ihren Ursprung im Tao haben,
wird das Sichtbare ihnen das Unsichtbare enthüllen.

Verwechsle deinen Wunsch zu reden nicht
mit ihrer Bereitschaft zuzuhören.
Weit wichtiger sind die wortlosen Wahrheiten,
die sie von dir lernen.
Wenn du dich an den alltäglichen Wundern
des Lebens erquickst,
werden sie die Tiefe deiner Freude spüren
und lernen, selbst Glückseligkeit zu erfahren.
Indem du mit ihnen die finsteren Geheimnisse
des Lebens durchschreitest,
öffnest du das Tor zum Verständnis.
Sie werden lernen, in der Dunkelheit zu sehen
und sich nicht zu fürchten.

Nimm dir Zeit und sei achtsam auf deinem Weg.
Zeige ihnen jede kleine Kleinigkeit, die dir auffällt.
Achte auf jede kleine Kleinigkeit, die ihnen auffällt.
Halte nicht Ausschau nach Lektionen
und trachte nicht danach,
ihnen wichtige Lehren zu erteilen.
Sei einfach nur achtsam.
Die Lektion lehrt sich selbst.

2

Sei vorsichtig mit Bewertungen

Wenn du deinen Kindern beibringst,
dass bestimmte Dinge gut sind,
werden sie vermutlich alle anderen Dinge
als schlecht bezeichnen.
Wenn du ihnen beibringst,
dass bestimmte Dinge schön sind,
werden sie vielleicht alle anderen Dinge
als hässlich empfinden.

Nenne schwierige Dinge „schwierig",
und einfache Dinge „einfach",
ohne das eine zu vermeiden
und nach dem anderen zu streben.
So lernen deine Kinder, selbstbewusst zu sein.
Nenne Resultate „Resultate",
ohne das eine als Erfolg
und das andere als Misserfolg zu werten.
So lernen deine Kinder, ohne Angst zu leben.
Nenne Geburt „Geburt"
und Tod „Tod",
ohne das eine als gut
und das andere als böse anzusehen.
Dann werden sich deine Kinder im Leben heimisch fühlen.

Achte heute darauf, wie deine Kinder die Dinge bewerten.
„Das stinkt."
„Das ist doof."
Korrigiere sie nicht.

Achte einfach nur darauf und überlege,
wo sie das gelernt haben.
Beginne noch heute damit, sie etwas anderes zu lehren.

3

Glücklichsein ist ansteckend

Wenn du die Fähigkeiten deiner Kinder ständig
mit jenen großer Berühmtheiten vergleichst,
verlieren sie ihre eigene Kraft.
Wenn du sie drängst, etwas zu schaffen und zu leisten,
lernen sie zu betrügen und zu stehlen,
um deine Erwartungen zu erfüllen.

Fördere die tiefsten Freuden deiner Kinder
und nicht ihre oberflächlichen Wünsche.
Lobe sie für ihre Geduld,
nicht für ihren Ehrgeiz.
Messe den Ablenkungen und Zerstreuungen,
die sich hinter der Maske des Erfolgs verbergen,
keinen Wert bei.
Deine Kinder werden lernen, ihre eigene Stimme zu hören
und nicht den Lärm der Menge.

Wenn du sie lehrst, etwas zu erreichen,
werden sie niemals zufrieden sein.
Wenn du sie Zufriedenheit lehrst,
werden sie auf ganz natürliche Weise
alles Erreichbare erreichen.

Wir alle möchten, dass unsere Kinder glücklich sind.
Zeige ihnen irgendwie,
irgendwann im Laufe des heutigen Tages,
etwas, das dich glücklich macht,
etwas, das dir wirklich Freude bereitet.
Dein Glücklichsein ist ansteckend.
Sie lernen die Kunst von dir.

4

Unendliche Möglichkeiten

Du kennst den wahren Ursprung deiner Kinder nicht.
Du nennst sie deine Kinder,
aber sie gehören einem größeren Mysterium.
Du kennst den Namen dieses Mysteriums nicht,
und doch ist es die wahre Mutter
und der wahre Vater deiner Kinder.

Bei ihrer Geburt tragen deine Kinder
alle Möglichkeiten in sich.
Es ist nicht deine Aufgabe,
diese Möglichkeiten zu beschränken.
Sage nicht: „Diese Möglichkeit steht dir offen.
Jene andere aber nicht."
Sie werden selbst entdecken,
was möglich ist und was nicht.
Es ist deine Aufgabe, ihnen zu helfen, offen zu bleiben
für die wunderbaren Geheimnisse des Lebens.

Es mag interessant sein, sich zu fragen:
„Welche Beschränkungen habe ich mir selbst auferlegt,
ohne es zu wissen?"
Dein Kind kann nur schwerlich
einen weiteren Horizont haben als du selbst.
Tu noch heute etwas,
das deine vorgefassten Meinungen zurückdrängt.
Und nimm dann dein Kind bei der Hand
und mach ihm auf sanfte Weise Mut, es dir gleichzutun.

5

Ins Herz schauen

Manche Verhaltensweisen deiner Kinder
mögen dir „gut“ erscheinen.
Andere magst du ganz eindeutig für „schlecht“ halten.
Nimm beides wahr,
ohne dich von dem einen übermäßig beeindrucken
und von dem anderen übermäßig kränken zu lassen.
Auf diese Weise folgst du dem Tao,
das in unserem Verhalten eine Maske sieht
und sogleich dahinter schaut,
auf das Gute in unseren Herzen.

Vermeide es vor allem,
das Kind wegen seines Verhaltens anzugreifen,
und versuche nicht, es durch endloses Reden und
Schelten zu ändern.
Bleib in deiner Mitte und schau
durch das Verhalten hindurch
direkt in das Herz des Kindes.
Dort wirst du nur Gutes finden.
Wenn du das Herz siehst,
weißt du, was zu tun ist.

Natürlich können manche Verhaltensweisen
dem Kind oder anderen zur Gefahr werden.
Bringe deine Sorge über ein solches Verhalten
zum Ausdruck.
Greife das Kind nicht an.
Betrachte eine bestimmte Verhaltensweise,
die dir Sorgen bereitet.
Denke darüber nach und schau durch sie hindurch,
direkt ins Herz deines Kindes.
Was sagt es dir?

6

Lockere deinen Griff

Das Tao gebiert
deine Kinder
und dich stets aufs Neue.
Du bist nicht ihre Quelle.
Das Tao ist die Große Mutter und die Quelle allen Seins.
Diese Quelle versiegt nie.

Wenn du dich frei machst,
von deinen Erwartungen,
wirst du erkennen,
daß deine Kinder niemals
ohne die Liebe dieser Großen Mutter sind.

Deine Elternrolle scheint dir eine erdrückende Last der Verantwortung aufzubürden.
Du musst dafür sorgen, daß deine Kinder zur Schule gehen,
keine Drogen nehmen
und nicht in Schwierigkeiten kommen.
Du musst dafür sorgen, dass sie einen Studienplatz bekommen und ihr Studium absolvieren.
Du findest keinen Moment lang Ruhe,
denn ganz gleich wie gut du deine Aufgabe bisher gemeistert hast und sie ihre –
irgendetwas kann immer schief gehen.
Sieh dir deine Sorgen einmal genau an.
Wenn Gott in seiner Grenzenlosigkeit
Raum für alle eventuellen Schwierigkeiten lässt,
kannst dann nicht auch du deinen Griff ein wenig lockern?

7

Für alle da sein

Wie kann das Tao für alle Geschöpfe da sein?
Weil es selbst wunschlos ist
und dich deshalb akzeptieren kann,
wie sehr du auch kämpfen,
wie oft du auch versagen magst.
Es ist immer Platz für dich da.

Löse dich von den scheinbaren
Erfolgen und Misserfolgen deiner Kinder.
Dann wird es dir gelingen,
zu jeder Zeit eins mit ihnen zu sein.
Du lebst dein Leben nicht
durch deine Kinder.
Deshalb sind sie frei,
um ihre eigene wahre Erfüllung zu finden.

Kannst du deine Kinder ermutigen,
ohne dem Resultat ihres Tuns allzu große
Bedeutung beizumessen?
Kannst du zusehen, wie dein Kind im Wettkampf steht,
und jeden gelungenen Spielzug,
jede erfolgreiche Anstrengung
aller Spieler beider Mannschaften gleichermaßen bejubeln?
Kannst du jeden ermutigen, der einen Fehler gemacht hat,
ganz gleich, auf welcher Seite er steht?
Erscheint dir das unnatürlich? Unmöglich?
Versuche es.
Du wirst große Freude an dem Spiel haben
und deinem Kind eine wunderbare Wahrheit vermitteln.

8

Ein Muster an Zufriedenheit

Wenn du ein weiser Vater, eine weise Mutter werden willst,
musst du wie Wasser sein.
Es nährt mit seinem Inhalt alles, was es berührt,
ohne Unterschiede zu machen.
Während sich der Mensch im Aufwärtsstreben müht,
fließt das Wasser fröhlich bergab,
um tiefer gelegene Stellen zu füllen.

Sorge dafür, dass das Umfeld deiner Kinder
überschaubar bleibt,
frei von nutzlosem Tand und Ablenkungen.
Wenn du sprichst, sei ehrlich und geradlinig,
verzichte auf Kontrolle und Manipulation.
Sei fair und großzügig in deinen Entscheidungen
und verzichte auf Bestrafung und Bloßstellung.

Sei in deinem eigenen Leben
gelassen und fröhlich,
zufrieden und friedfertig.
Das ist das beste Erbe, das du hinterlassen kannst.

Nichts ist erbaulicher für ein Kind als Eltern,
die große Freude aus kleinen Dingen schöpfen
und sich am gegenwärtigen Augenblick erfreuen.
Bist du ein Muster an Zufriedenheit,
oder schreist du stets nach mehr?

9

Kannst du Raum geben?

Wenn du jeden wachen Moment
im Leben deiner Kinder füllst,
fehlt ihnen der Raum,
in dem sie sie selbst sein können.
Wenn du sie permanent drängst,
werden sie zerbrechen.
Wenn du ihnen Spielzeug im Überfluss gibst,
wird sich ihr Herz vor Besitzgier verkrampfen.
Wenn du immer versuchst, es ihnen recht zu machen,
wirst du irgendwann ihr Gefangener sein,
nicht mehr ihre Mutter oder ihr Vater.

Kämpfe nicht und treibe dich nicht selbst an.
Tu deine Arbeit und ruh dich dann aus.
So werden deine Kinder Gelassenheit lernen.

Sind deine Kinder „anstehende Probleme“
oder Menschen zum Liebhaben?
Betrachte die Probleme, die du im Moment
mit deinen Kindern hast.
Kannst du einen Raum schaffen,
der frei ist von deinen eigenen Ängsten,
in dem sie sich ihren eigenen Weg suchen können,
in dem sie deine Liebe spüren,
aber nicht deine Erwartungen?

10

So wie sie sind

Wenn du mit deinen Kindern zusammen bist,
sei eins mit ihnen.
Lass Entspannung in deinen Körper einkehren,
damit er so locker ist wie der deines Kindes.
Lass alle Erwartungen
und Befürchtungen dahinschmelzen,
so dass du klar sehen kannst.
Liebe sie, so wie sie sind,
jetzt, in diesem Augenblick,
ohne irgendetwas ändern zu müssen.

Ist das Leben deiner Kinder von Sorgen erfüllt,
dann lass den Ereignissen ihren Lauf
ohne zu drängen oder dich anzustrengen.
So wirst du ein klares Verständnis
deiner Rolle gewinnen.

Du nährst sie, ohne sie zu besitzen.
Du führst sie, ohne sie zu kontrollieren.
Du hilfst ihnen, ohne dich zu sorgen.

Mit Kindern verbrachte Zeit
kann wie eine Meditation sein.
Wenn du das nächste Mal
mit deinem Kind zusammen bist,
vergiss die Vergangenheit,
vergiss die Zukunft
und lass deinen Geist und dein Herz dorthin kommen,
wo dein Körper ist.

11

Der ruhende Pol

Ein Rad dreht sich im Kreis.
Der ruhende Pol in seiner Mitte
gibt ihm Richtung.
Ruhe in dir,
und deine Kinder können sehen,
wohin der Weg sie führt.

Ein Gefäß hat schöne Wandungen.
Seinen Nutzen aber verleiht ihm
die Leere in seinem Inneren.
Mach dich leer von Plänen,
und du wirst verfügbar
für deine Kinder.

Ein gutes Haus hat solide Mauern.
Der Raum innerhalb der Mauern
läßt es zu einem Zuhause werden.
Schaffe Raum in deinem Herzen,
und deine Kinder
werden sich stets geborgen fühlen.

Vorschläge, Hinweise, Belehrungen und Vorträge
mögen zwar gut gemeint sein,
stiften aber oftmals eher Verwirrung als Klarheit.
Füllst du den Raum mit guten Ratschlägen
und hilfreichen Strategien,
statt ruhig, leer und offen zu sein?

12

Ein Ort der Stille

Wenn die Sinne deiner Kinder
ununterbrochen stimuliert werden,
stumpfen sie ab.
Sie sehen so viel, dass sie blind werden.
Sie hören so viel, dass sie taub werden.
Sie schmecken so viel, dass ihnen übel wird.
Sie wünschen so viel, daß sie für immer
unzufrieden werden.

Sie lernen das nicht kennen,
was wirkliche Zufriedenheit schenkt.

Es ist schwierig, einen Ort der Stille zu schaffen,
an dem Kinder zu ihrer Seele finden können.
Du musst Stille in deine eigene Welt einkehren lassen,
bevor du dich der ihren näherst.
Weil sie so an die Flut der Geräusche gewöhnt sind,
beschweren sie sich lauthals, wenn sie verebbt.
Doch du kannst einen Weg finden, der in die Stille führt.
Was kannst du heute tun?
Spazierengehen?
Ein Buch lesen?
Ein einfaches Spiel spielen?

13

Angst zu versagen

Hüte dich davor, deine Kinder zu lehren,
wie man die Leiter des Erfolgs erklimmt.

Leitern führen nach unten
und nach oben.

Wenn du deine Kinder allzu sehr behütest,
werden sie Angst haben zu versagen
und dem Schmerz aus dem Weg gehen.
Doch Schmerz und Versagen
enthalten wichtige Lektionen.
Wenn deine Kinder sie nicht beide
wirklich erfahren haben,
wie sollen sie dann wissen,
dass es nichts zu befürchten gibt?

Deine Kinder lernen nicht aus ihren Erfolgen.
Sie lernen aus ihren Mißerfolgen.
Sie müssen freie Hand haben,
um etwas zu wagen, zu versagen
und zu erkennen, dass sie trotzdem in Ordnung sind.
Woran ist dein Kind jüngst gescheitert?
Wie hat es reagiert?
Welches Gefühl hast du dabei gehabt?
Was kannst du daraus lernen?

14

Geheimnisvoller Ursprung

Nahmen eure Kinder wirklich
mit der Vereinigung eurer Körper ihren Anfang?
Oder sind sie geheimnisvolleren Ursprungs?

Ewig
bedeutet zeitlos,
ohne Anfang,
ohne Ende.
Ruhen deine Kinder,
die dich im Jetzt besuchen,
in Wahrheit in der Ewigkeit?

Wenn du versuchst, sie zu greifen,
entgleiten sie dir.
Sie sind mehr als das, was du siehst und hörst und fühlst.
Sie gehören anderswohin
und sind hier nur zu Besuch.
Warum also sich Sorgen machen?

Ist das Tao gut, so ist es vollkommen gut
und ungeachtet des Anscheins sind deine Kinder sicher.
Ich habe das damals geglaubt, als mein Sohn
Probleme hatte.
Ich glaube es jetzt, da er ein wohlgeratener,
zufriedener Erwachsener ist.
Ich werde es in Zukunft glauben,
wann immer er in Schwierigkeiten kommt.
Ich glaube es.

15

Sei wachsam und bewusst

Wenn du ein weiser Vater, eine weise Mutter
werden willst,
dann sei sorgsam in allem, was du tust und sagst.
Wisse, daß jede Handlung,
jedes Wort
eine Wirkung hat.
Sei wachsam und bewusst,
lebe voll und ganz in jedem einzelnen Augenblick.
Behandle deine Kinder mit der gleichen Höflichkeit,
mit der du einen Gast behandeln würdest.
Sei jederzeit bereit,
einen Plan zu verwerfen
und einem anderen zu folgen,
wenn deine innere Stimme es verlangt.
Sei offen im Herzen,
damit du die Stimme deiner Kinder
und deines eigenen Geistes hören kannst.
Erwarte die Erfüllung nicht
von Dingen, Ereignissen oder Menschen
außerhalb deiner selbst.
Begrüße und akzeptiere
die Dinge, wie sie sind.
Begrüße und akzeptiere
Kinder, wie sie sind.

Sei liebevoll zu dir selbst.
Eigenschaften wie diese reifen natürlich heran.
Sie lassen sich nicht erzwingen.

16

Mach dich von Sorgen frei

Um als Vater oder Mutter überleben zu können,
musst du dich freimachen
von deinen ständigen Gedanken,
Plänen und Sorgen.

Du und deine Kinder,
ihr wurdet in das Tao hineingeboren,
ihr lebt im Tao,
und ihr werdet in dasselbe Tao zurückkehren.
Solange du das nicht erkennst,
wirst du die Sorgen, die dir das Leben beschert,
für das letzte Wort halten.
und dich vor Angst verhärten.

Im Wissen um die wahren Zusammenhänge jedoch
gewinnst du an echtem Vertrauen.
Voll von diesem Vertrauen
öffnet sich dein Geist und du siehst deine Kinder,
wie sie wirklich sind.
Und wenn du sie siehst, wie sie wirklich sind,
füllt sich dein Herz mit echter Liebe für sie.
Wenn du sie wirklich liebst,
erkennst du deine eigene göttliche Natur.
Und indem du deine wahre Natur erkennst,
gehst du ins ewige Leben ein.

Diese Wahrheiten liegen allen religiösen Traditionen
zugrunde.
Glaube daran.

17

Kein Grund zum Drohen

Du kannst mit Drohungen und Strafen
über deine Kinder gebieten.
So lernen sie, sich zu fürchten.
Du kannst ihr Verhalten
mit Lob und Belohnungen beeinflussen.
So lernen sie, Anerkennung und Wertschätzung
außerhalb ihrer selbst zu suchen.
Du kannst über jede ihrer Bewegungen wachen,
über jede Handlung, jede Entscheidung,
und dafür sorgen, daß sie es „richtig“ machen.
So lernen sie, immer an sich selbst zu zweifeln.
Oder du kannst lieben und führen
ohne zu gebieten oder dich einzumischen.
So lernen sie, auf sich selbst zu vertrauen.

Wenn deinem Kind etwas misslingt,
dann zeige nur dein Vertrauen
in seine Fähigkeit, die Konsequenzen zu tragen.
Wenn es sich verantwortungslos zeigt,
weise nur auf die Folgen hin, die dieses Verhalten
für es selbst und andere hat,
und vertraue auch diesmal auf seine Lernfähigkeit.
Gib ihm alsbald eine Chance,
sich verantwortungsvoll zu zeigen.
Verlege dich nicht auf Schuldzuweisungen,
Bloßstellung und Machtausübung.
Das ist eine Abwärtsspirale.

18

Natürliche Tugenden

Alle kleinen Kinder haben eine natürliche Liebe zu Gott.
Während sie heranwachsen,
werden sie von anderen unterwiesen
und wenden sich der Frömmigkeit
und Religion zu.

Alle kleinen Kinder fühlen sich auf natürliche Weise
wohl in ihrer Haut.
Während sie heranwachsen,
werden sie von anderen bloßgestellt
und dadurch befangen und gehemmt.

Alle kleinen Kinder kommen auf natürliche Weise
gut mit anderen Menschen aus.
Während sie heranwachsen,
werden sie Zeuge von Konflikten,
und das macht sie ängstlich und zurückhaltend.

Alle Tugenden entfalten sich auf natürliche Weise,
bis Angst, Erziehung und Bildung eingreifen.
Dann weichen die Tugenden,
und Regeln treten an ihre Stelle.

Halte Ausschau nach den natürlichen Tugenden
deiner Kinder.
Mag sein, daß du ganz genau hinsehen musst.
Wir haben gelernt, sie nicht wahrzunehmen
oder ihnen zu misstrauen.
Doch sie sind das wirklich Wahre.
Sie brauchen nicht gelehrt,
sondern nur gepflegt zu werden.
Welche natürlichen Tugenden erkennst du
heute an deinem Kind?

19

Die innere Wirklichkeit erkennen

Indem du deine Kinder zu guten Menschen machen willst,
machst du sie und dich selbst unglücklich.
Zeige ihnen lieber, dass du
an ihre natürliche Gutheit glaubst,
dann werdet ihr alle gesegnet sein.

Indem du sie dazu bringen willst, dich zu ehren
schaffst du nichts als
Ablehnung und Unehrlichkeit.
Ehre dich lieber selbst und sie auch,
dann werdet ihr alle glücklich sein.

Indem du sie erfolgreich machen willst,
dehnst du ihre Misere des endlosen Wünschens
immer weiter aus.
Freu dich lieber am einfachen Leben,
dann werdet ihr alle zufrieden sein.

Du brauchst ihnen keine äußerlichen
Nettigkeiten beizubringen.
Es genügt, die innere Wirklichkeit zu erkennen.
Du brauchst nicht dafür zu sorgen, dass alles gut wird.
Es genügt zu erkennen, dass alles gut ist.

20

Sei ehrlich

Willst du eine weise Mutter, ein weiser Vater werden,
musst du bereit sein, töricht zu erscheinen.
Du musst bereit sein zu sagen:
„Warum sollte ich hierhin und dorthin hetzen,
immerzu nach etwas greifen,
immerzu rennen? Quatsch!"
Wenn du nicht aufhörst, der Masse zu folgen,
wie können deine Kinder da frei sein?

Willst du deinen Kindern Stärke beibringen,
musst du bereit sein, schwach zu erscheinen.
Du musst deinen Ehrgeiz aufgeben,
dem Kampf abschwören
und Gelassenheit und Frieden in dich einziehen lassen.
Du musst deine Fehler eingestehen
und deine Misserfolge annehmen.
Du musst dir selbst ehrlich ins Gesicht schauen
und deine wahre Natur erkennen.

Deine Kinder brauchen ein Vorbild, das ehrlich ist.
Wenn du vorgibst, keine Schwächen zu haben,
nur weil du sie hinter Masken und Fassaden versteckst,
lernen deine Kinder, es dir gleichzutun,
und das Spiel geht immer so weiter.
Schau noch heute hin
und akzeptiere
dein wahres Ich hinter der Rolle.

21

Das Geheimnis ihres Seins

Du gibst deinen Kindern ihren Namen,
aber ihre Wirklichkeit ist namenlos und geheimnisvoll.
Ihr Geheimnis ist verborgen,
und doch offenbar.
Es verschwindet, wenn du es anstarrst.
Es verbirgt sich, wenn du es suchst.
Um es zu finden, musst du in dir selbst suchen.
Indem du das Geheimnis deines eigenen Lebens entdeckst,
erhaschst du einen Blick auf das Geheimnis deiner Kinder.

Dieses Geheimnis lässt sich zwar nicht beschreiben,
aber du kannst dich darauf verlassen, dass es da ist –
in dir selbst und
in deinen Kindern.
Woher ich das weiß?
Ich sehe es überall.

Stell dir vor, wie es war, als du ein Kind warst.
Da gab es etwas,
das deine Eltern nie gekannt haben,
ein Geheimnis, dass sie nicht ergründen konnten.
Sieh dir deine Kinder genau an.
Du wirst das Geheimnis ihres Seins nie entschlüsseln.
Kannst du sie dennoch lieben?

22

Dein größtes Vermächtnis

Willst du, dass deine Kinder gewinnen,
lehre sie, zu verlieren.
Willst du, dass sie glücklich sind,
lehre sie, traurig zu sein.
Willst du, dass sie gesund sind,
lehre sie, krank zu sein.
Willst du, dass sie viel haben,
lehre sie, mit Wenigem auszukommen.
Eltern, die Misserfolge vertuschen, Verluste leugnen
und sich ob ihrer eigenen Schwächen verachten,
können ihren Kindern nichts beibringen.
Eltern jedoch, die sich
in ihrer ganzen Menschlichkeit zeigen,
werden zu Helden.
Denn Kinder schauen auf diese Eltern
und lernen, sich selbst zu lieben.

Elternschaft muss keine Last sein –
keine Pflicht, die dir zusätzlich aufgebürdet wird
und der du nicht gerecht werden kannst.
Betrachte deine Misserfolge,
deine Sorgen,
deine Krankheiten
und deine Schwierigkeiten
als deine größten Chancen, etwas zu lernen.

23

Keine Doppelbotschaften

Natürliche Eltern geben keine Doppelbotschaften.
Wenn sie wütend sind, sehen ihre Kinder ihre Wut
und lernen, dass sie sie nicht nur zu fürchten brauchen.
Wenn sie traurig sind, sehen ihre Kinder ihre Traurigkeit
und lernen, dass sie auszuhalten ist.
Wenn sich die schwierigen Gefühle verzogen haben,
bleibt kein Rest davon zurück.
Ihre Beziehung zu ihren Kindern bleibt
rein und ungetrübt.

Es ist mehr als schwierig für Eltern,
sich ihre Natürlichkeit zu bewahren.
Wir haben gelernt, unsere natürlichen Reaktionen
zu unterdrücken, sie zu verändern
und ihnen zu misstrauen,
bis wir sie kaum noch erkennen können.
Natürlich solltest du deine unterdrückten Gefühle
nicht an deinen Kindern „auslassen",
aber du kannst anfangen, sie selbst wahrzunehmen
und dich mit deiner natürlichen Wesensart anzufreunden.

So wirst du lernen, dich deinen Kindern gegenüber
angemessen und achtsam auszudrücken.
Es wird immer weniger verborgene Absichten geben,
und ein frischer Wind wird
den Raum zwischen euch reinigen.

24

Deine Pläne oder ihre?

Wenn du deine Kinder drängst,
verlieren sie das Gleichgewicht.
Wenn du sie dauernd hin und her hetzt,
kommen sie nirgendwo an.
Wenn du sie ins Rampenlicht stellst,
können sie ihr eigenes Licht nicht sehen.
Wenn du versuchst, ihnen deine Vorstellungen davon,
wie sie sein sollten, aufzuzwingen,
wird nichts aus ihnen.

Wenn du willst, dass sie gedeihen,
beschütze sie, so gut es geht,
und lass sie dann los.

Hast du Pläne für deine Kinder,
die wichtiger sind als die Kinder selbst?
Zwischen all den Uniformen,
Übungsstunden,
Spielen,
Proben
und Auftritten
irrt womöglich die kreative, freudvolle Seele
deines Kindes umher.
Sieh gut hin und lausche.

Haben deine Kinder Zeit zum Tagträumen?
Aus ihren Träumen entspringen
die Übungen und Tätigkeiten,
die Selbstdisziplin so natürlich
wie das Atmen werden lassen.
Diese sollst du fördern.

25

Lichtwolken

Sie sehen so klein und zerbrechlich aus
und sind doch so groß und prächtig.
Sie sind demselben Schoß entsprungen,
der auch den Kosmos geboren
und die Galaxien miteinander verwoben hat.

Könntest du sie sehen, wie sie wirklich sind,
würdest du staunen.
Du würdest keine kleinen Kinder sehen,
sondern tanzende Lichtwolken,
Energie in Bewegung,
die in einem Ozean der Liebe schwimmt.

Sie sind so viel mehr
als du siehst.
Und du bist es auch.

Das Leben mag profan erscheinen.
Doch das ist es nicht.
Kinder mögen alltäglich erscheinen,
und lästig
und zerbrechlich.
Doch sie sind es nicht.
Du magst dich einsam fühlen
und abgeschnitten
und machtlos.
Doch du bist es nicht.

26

Werde zum Schüler

Kinder haben eine Faszination für das Gewöhnliche
und können zeitlose Momente damit zubringen,
zu betrachten, wie das Sonnenlicht mit dem Staub spielt.
Ihre Rastlosigkeit lernen sie von dir.
Du bist es, der an dort denkt,
wenn du hier bist.
Du bist es, der an später denkt,
statt an jetzt.
Hör auf damit.
Lass deine Kinder deine Lehrer sein,
und werde zum Schüler.

Mag sein, dass deine Kinder den Gegenstand
ihrer Aufmerksamkeit häufig wechseln.
Doch das ist keine Rastlosigkeit.
Es ist Neugier.
Wenn sie etwas tun,
tun sie nur das,
bis sie zum Nächsten übergehen.
Beobachte sie.
Lass sie den Rhythmus vorgeben.
Sieh zu, was du lernen kannst.

27

Den Funken entfachen

Deine Kinder planen ihre Ausbildung selbst,
ob es dir gefällt oder nicht.
Du musst lernen, an diesem Plan mitzuwirken.
Wenn sie malen,
werden sie Künstler.
Wenn sie lesen,
werden sie Studenten.
Wenn sie etwas untersuchen,
werden sie Forscher.
Wenn sie beim Kochen helfen,
werden sie Küchenchef.
Was sie auch tun,
sie lernen dabei.
Und für sie ist das
eine reine Freude.

Kannst du darauf verzichten, ihre Interessen zu beurteilen?
Kannst du ihnen Raum geben, um zu forschen?
In der Schule tut man das oft nicht.
Vielleicht bist du der Einzige,
der den Funken ihrer Kreativität entfachen kann,
und damit die Freude zum Lodern bringt.

28

Die Welt verändern

Die Welt schreit nach Leistung und Fortschritt
und ist voller Hass und Zank.
Kannst du all das sehen
und deinen Kindern dennoch helfen,
sich ihr Vertrauen, ihre Hoffnung und
ihren inneren Frieden zu bewahren?

Kannst du die Welt so annehmen, wie sie ist,
und dennoch nach anderen Maßstäben leben?
Kannst du deinen Kindern
ein Leben vorleben,
in dem es Veränderung,
Heilung,
Zuspruch
und Liebe gibt?

Wenn du über die Politiker schimpfst
und dich über die Steuern beschwerst,
wenn du über die bedauernswerten Zustände lamentierst,
lernen deine Kinder, zu jammern statt zu lachen.
Siehst du aber in jedem Augenblick
eine Chance zu leben,
zu akzeptieren
und wertzuschätzen,
werden deine Kinder die Welt verändern.

29

Die Energie des Universums

Deine Kinder sind keine einfachen Tonklumpen,
die auf deine geschickten Hände warten.
Sie sind die ureigentliche Energie des Universums
und werden ihren Weg auch ohne dein Zutun gehen.
Sie sind heilige Geschöpfe.
Indem du ihnen in die Quere kommst,
machst du dich und sie unglücklich.

Mal werden sie Erfolg haben
und mal werden sie scheitern.
Mal werden froh sein
und mal traurig.
Mal werden sie dir Freude bereiten
und mal dich enttäuschen.
Mal werden sie sicher sein
und mal in großer Gefahr.
Sie werden leben
und sie werden sterben.

Bleib im Zentrum deiner eigenen Seele.
Mehr kannst du nicht tun.

Als Teenager wäre mein Sohn beinahe gestorben.
Ich konnte nichts dagegen tun.
Ich erinnere mich, wie ich mich damit abfand,
dass er vielleicht sterben würde.
Stundenlang habe ich geweint.
Dann stand ich auf und kehrte in meinen Alltag
und zu meinen Lieben zurück.
Viele Jahre sind vergangen. Heute ist mein Sohn
ein glücklicher, starker, wunderbarer junger Mann –
aufgrund seiner eigenen Entscheidung,
nicht der meinen.

30

Wohlverhalten

Du hast vielerlei Möglichkeiten, deine Kinder
zu dem von dir erwünschten Verhalten zu veranlassen.
Du kannst sie zwingen, ihnen zureden und sie bestechen.
Du kannst sie manipulieren, überlisten und überreden.
Du kannst an ihr Schamgefühl, ihr Gewissen
und ihre Vernunft appellieren.
Das alles wird auf dich zurückfallen,
und du wirst nichts als Konflikte ernten.

Achte lieber auf dein eigenes Handeln.
Lerne, Zufriedenheit in dir selbst zu finden.
Entdecke Frieden und Liebe in allem, was du tust.
Damit bist du genug beschäftigt.
Du brauchst keinen anderen Menschen zu manipulieren.

Gelingt es dir, auch nur ein klein wenig
von deiner ständigen Sucht nach Kontrolle loszulassen,
wirst du auf ein erstaunliches Paradoxon stoßen.
Was du vorher erzwingen wolltest,
entsteht nun auf natürliche Weise.
Die Menschen um dich herum verändern sich plötzlich.
Deine Kinder legen von sich aus
ein angemessenes Verhalten an den Tag
und haben Freude dabei.
Das Lachen kehrt zu euch allen zurück.

31

Deine Kinder sind nicht deine Feinde

Deine Kinder sind nicht deine Feinde.
Du brauchst sie nicht zu fürchten.
Auseinandersetzungen mit ihnen sind keine Kämpfe,
die du gewinnen oder verlieren musst.
Wenn du dich in einen scheinbaren Krieg verstricken lässt,
gehen alle Perspektiven verloren.
Es fallen schreckliche und verletzende Worte.
Die ganze Familie leidet
und die Wunden heilen langsam.
Gewinnen und verlieren
sind Worte, die eine Familie nicht braucht.

Du musst deine Autorität nicht erstreiten.
Autorität ist etwas, das du in dir selbst trägst.
Wenn deine Kinder sie nicht wahrnehmen,
ist das schade,
aber du kannst sie nicht zwingen, sie zu sehen.
Wenn du dir das vor Augen führst,
löst sich so mancher Kampf auf.
Es mag immer noch schwierige Zeiten geben,
aber du hast es nicht mehr nötig,
schwere Geschütze aufzufahren.

32

Regeln schaffen kein Leben

Regeln schaffen kein Leben.
Das Tao schafft Leben.
Und das Tao zeigt sich in Schmetterlingen
ebenso wie in Galaxien.
Würde man darauf vertrauen, dass Kinder Gott
im Inneren ihres Herzens entdecken,
gäbe es Frieden auf der Welt.

Wir aber haben Regelwerke
und Kontrollinstanzen geschaffen.
Akzeptiere das als Istzustand,
aber erkenne auch, dass Regeln ihre Grenzen haben
und Instanzen auch eine Gefahr sein können.
Regeln können ein Kind führen,
aber sie können es nicht definieren.
Institutionen können ein Kind fördern,
aber sie können es nicht zur Reife bringen.

Wenn deine Kinder klein sind,
mag es dir für kurze Zeit gelingen,
ihr Wohlverhalten zu erzwingen.
Doch Herzensgüte
lässt sich niemals erzwingen.
Sie kann nur gefördert
oder unterdrückt werden.

Betrachte die Regeln, die es in deiner Familie gibt,
die ausgesprochenen und die unausgesprochenen.
Wer hat sie aufgestellt?
Wer profitiert von ihnen und inwiefern?
Sind sie deinen Kindern förderlich
oder unterdrücken sie sie?

33

Du brauchst nur wenig zu wissen

Du brauchst nur wenig zu wissen,
um ein weiser Vater, eine weise Mutter zu werden.
Du musst wissen, dass du sterben wirst,
denn nur dann kannst du wirklich leben.

Du musst wissen, wann du genug hast,
denn nur dann bist du zufrieden.
Du musst wissen, wie du lachen kannst,
denn nur dann findest du Heilung.

Es gibt viele Dinge, die du nicht zu wissen brauchst.
Du musst nicht alles wissen,
was deine Kinder denken oder tun.
Du musst nicht um ihre geheimen Träume
und Hoffnungen wissen.
Du musst nicht wissen, wie sich das Leben für sie
oder für dich entfalten wird.

Lebe dein eigenes Leben
aus ganzem Herzen
mit vollem Bewusstsein
und von ganzer Seele.
Du brauchst nicht das Leben deiner Kinder zu leben.
Das können sie selbst
am allerbesten.

34

Sei wie das Tao

In vielerlei Hinsicht müssen gute Eltern
wie das Tao sein.
Doch nicht so, wie du vielleicht denken magst.
Das Tao liebt die gesamte Schöpfung,
doch es strebt nicht danach, sie zu beherrschen.
Das Tao nährt alles Leben überall,
doch es fällt kein Urteil darüber.
Das Tao schätzt alle Menschen,
aber es krallt sich nicht an ihnen fest.

Kannst du lieben, ohne zu beherrschen?
Kannst du nähren, ohne zu urteilen?
Kannst du schätzen, ohne festzuhalten?
Natürlich kannst du das,
denn das Tao durchströmt dich.

Was du auch gehört haben magst –
Gott
beherrscht nicht,
urteilt nicht
und hält nicht fest.
Alle Worte, die du über „Gott" verlierst,
werden deinen Kindern weniger sagen,
als dein Zuspruch
und deine Liebe
und deine Wertschätzung.

35

Lass das Gewöhnliche lebendig werden

Fordere deine Kinder nicht auf,
Außergewöhnliches zu erreichen.
Das Streben nach dem Außergewöhnlichen
mag bewundernswert erscheinen
und ist doch nichts als töricht.
Hilf ihnen lieber, das Wunder
des gewöhnlichen Lebens zu entdecken.
Zeige ihnen, welche Freude es macht,
Tomaten, Äpfel und Birnen zu kosten.
Lehre sie zu weinen,
wenn Tiere und Menschen sterben.
Zeige ihnen, welch unendliche Freude
die Berührung einer Hand schenken kann.
Und lass das Gewöhnliche für sie lebendig werden.
Dann stellt sich das Außergewöhnliche ganz von selbst ein.

Ständig bekommst du die Forderung
nach noch mehr
und noch Größerem zu spüren,
die die Gesellschaft an dich
und deine Kinder
zu stellen versucht.
Es bedarf des Mutes und der Disziplin,
sich Zeit zu lassen,
um einfach zu leben
und klar zu sehen.
Aber es lohnt sich.
Welche ganz einfache Tätigkeit kannst du heute verrichten?

36

Gegensätze sind notwendig

Wenn du willst, dass deine Kinder großzügig sind,
dann lass sie erst selbstsüchtig sein.
Wenn du willst, dass sie Disziplin üben,
dann lass sie erst spontan sein.
Wenn du willst, dass sie fleißig sind,
dann lass sie erst faul sein.
Das macht einen feinen Unterschied,
der denen, die dich kritisieren,
nur schwer zu vermitteln ist.

Eine Tugend läßt sich nicht wirklich erlernen,
bevor man ihr Gegenteil begriffen hat.

All deine Bekannten
(und besonders die Großeltern deiner Kinder)
werden dir sagen, dies sei Unsinn.
Doch schau in dich hinein.
Erst wenn ein Kind ein gutes Selbstwertgefühl
entwickelt hat,
kann es wirklich großzügig sein.
Erst wenn ein Kind Glückseligkeit erfahren hat,
wird es sich wirklich anstrengen.
Was gemeinhin als Disziplin und Fleiß gilt,
ist oft nichts als aufgesetztes, erzwungenes Verhalten,
dem es an wahrer Kraft und Freude fehlt.
Nur der faule, undisziplinierte Träumer
kann zur Quelle wahrer Disziplin in sich selbst vordringen,
aus der große Erfolge sprudeln.

37

Natürliche Wünsche fördern

Lass dich nicht in die Irre führen.
Gott hat keine Wünsche.
Wie könnte das, was Alles umfasst,
noch etwas wollen?
Und doch finden alle wahren Wünsche
ihre Erfüllung in Gott.

Deine Kinder haben natürliche
und unnatürliche Wünsche.
Alle natürlichen Wünsche
werden auf natürliche Weise erfüllt.
Wer unnatürlichen Wünschen nachjagt,
wird nie zur Ruhe kommen.
Wenn du deinen Kindern hilfst,
das eine vom anderen zu unterscheiden,
werden sie Zufriedenheit und Glück
in ihrem Leben finden.

Es ist unser natürlicher Wunsch,
zu lieben und geliebt zu werden,
uns zugehörig zu fühlen, zu tanzen und zu singen,
unser Glück zu finden und es auszukosten.
Zeige deinen Kindern, dass diese Wünsche
auf ganz natürliche Weise
in Erfüllung gehen.

Dies ist eine schwierige Aufgabe
für jene von uns, die gewohnt sind,
die Wirtschaft in Gang zu halten,

indem sie immerfort unzufrieden sind.
Unsere Kinder hören in einer Woche
mehr Werbeslogans
als von uns erzählte Geschichten in einem Monat.
Kannst du ihnen vorleben,
wie wahres Glück
im Lieben, Leben und Tanzen
zu finden ist?

38

Ganz ohne Zwang

Starke Eltern brauchen ihre Kinder
nicht zu drängen und zu nötigen.
Schwache Eltern schubsen und stoßen,
schreien und schlagen
und haben dennoch keinerlei Macht.

Wird Kindern Wohlverhalten abverlangt,
ohne dass sie aus einem Quell der Güte schöpfen können,
ist nichts gewonnen.
Wird Kindern Religion
in Form von äußerlichen Ritualen
und dogmatischem Glauben vermittelt,
entsteht nichts als Leere.

Weise Eltern wissen,
dass ihre Kinder
einen freien Geist und eine Gutheit
in sich tragen,
die nicht hervorgezwungen werden müssen,
sondern nur gehegt
und gepflegt.

Lass dich nicht beirren
wenn das Verhalten deiner Kinder
böse oder unmoralisch zu sein scheint.
Das ist nicht ihre wahre Natur.

Mit Willenskraft
kannst du sie nicht verändern.
Indem du Zwang ausübst,
machst du alles nur noch schlimmer.
Würdest du deine Erwartungen loslassen,
damit Frieden in dir einkehren kann –
was würden deine Kinder dann sehen?

39

Stehst du im Weg?

Weise Eltern lassen den Dingen ihren Lauf
und greifen möglichst wenig ein.
Sie stehen nicht im Weg
und machen nicht auf sich aufmerksam.
Ihre Kinder entdecken
die natürliche Harmonie der Dinge
und lösen ihre Konflikte so,
dass sich wahrer Frieden einstellen kann.

Wenn Eltern permanent eingreifen
und sich in das Leben ihrer Kinder einmischen,
gerät die natürliche Ordnung in Vergessenheit.
Konflikte eskalieren,
Lernen wird unmöglich
und überall herrscht Verwirrung.

Bisweilen bedarf es sicher einer führenden Hand.
Natürlich möchten wir unsere Kinder beschützen,
und ihnen beibringen, was wir gelernt haben.
Doch diese Führung sollte
möglichst unaufdringlich
und sanft sein.
Wenn wir unseren Kindern Lehren aufzwingen,
mag das zwar sofort die gewünschten Ergebnisse bringen,
doch am Ende fehlt es ihnen
womöglich an Urteilsvermögen,
und sie können keine wahre Charakterstärke entwickeln.
Was lernen deine Kinder gerade?
Stehst du ihnen im Weg?

40

Die Gedanken zur Ruhe kommen lassen

Aus unseren Körpern
gehen die Körper unserer Kinder hervor.
Aus unseren lärmenden Gedanken
gehen die Ängste unserer Kinder hervor.
Aus dem Tao aber
geht der Geist unserer Kinder hervor.

Lass den Körper zur Ruhe kommen.
Lass die Gedanken still werden.
Entdecke den Geist.

Meditation ist nichts Schwieriges
oder Esoterisches.
Es ist eine natürliche Fähigkeit,
die auf vielfältige Weise praktiziert wird.
Atme ein und denke: „Sei..."
Atme aus und denke: „...still."
Und wenn du es gelernt hast,
bring es deinen Kindern bei.
Du musst es nicht Meditation nennen.
Nenne es „Still sein wie ein Berg."
Fördere ihre natürliche Fähigkeit,
still und ruhig zu sein.
O ja, sie sind dazu fähig,
und sei es auch für noch so kurze Zeit.

41

Die Balance finden

Das Elterndasein birgt so viele Widersprüche,
dass es schwerfällt, die Balance zu finden.
Manche versuchen es erst gar nicht.
Sie rennen einfach drauflos
und ignorieren das sanfte Flüstern der Weisheit.
Andere versuchen es halbherzig,
greifen aber auf alte Methoden zurück,
wenn es schwierig wird.
Einige aber hören die leise Stimme der Weisheit
und machen sie sich zu eigen.

Sie finden Stärke in der Sanftmut,
Macht in der Flexibilität,
Perfektion in Fehlern,
Erfolg im Versagen,
Klarheit in der Verwirrung
und Liebe im Loslassen.

Das Elterndasein ist voller Widersprüche.
Lass dich nicht vom äußeren Anschein beirren.
Eine Sache kann ganz anders sein, als sie aussieht.
Was ist im Augenblick mit deinen Kindern los?
Bist du sicher?
Oder sind das reine Vermutungen?
In den allergrößten Schwierigkeiten
liegen glänzende Edelsteine verborgen.
Unter der stillen Oberfläche
brodelt der See.
Bleib in der Balance.

42

Die Freuden des Alleinseins erkennen

Um die vielen Launen und das
Auf und Ab des Lebens bewältigen zu können,
muss man lernen, allein zu sein.

Lass nicht zu, dass die Anforderungen eines
allzu aktiven Lebens
deinen Kindern den inneren Frieden nehmen.
Permanente Stimulation
ohne das Gegengewicht der Stille
führt ins Chaos.
Ein Kind, das früh erkennt,
welche Freude im Alleinsein liegt,
wird eins mit allem, was ist,
und alles fällt ihm in den Schoß.

Zuerst musst du selbst das Alleinsein lieben lernen.
Das ist schwerer als du denkst.
Ablenkungen gibt es überall.
Nicht einmal die Gedanken sind still.
Gib deinen Kindern Zeit, ohne Plan zu spielen,
ohne Zweck zu lesen,
ohne Grenzen in den Tag hineinzuträumen
und ohne Angst auf Entdeckungsreise zu gehen.
Gesteh dir selbst das gleiche zu.

43

Nichts tun

Nichts zu tun, wenn dein Kind versagt,
erfordert großen Mut
und ist der Weg der Weisheit.
Gütig zu sein, wenn sich dein Kind danebenbenimmt,
erfordert große Selbstbeherrschung
und ist der Weg der Stärke.

Erliege im Umgang mit deinem Kind
nicht der Versuchung,
zu schelten,
zu zanken,
einzugreifen,
zu unterbrechen,
zu belehren
oder zu kontrollieren.
Sei einfach da und
vertraue darauf, dass deine sanfte Präsenz
alle notwendigen Lehren erteilt.

Um mir Verantwortungsbewusstsein beizubringen,
überprüfte mein Vater alles, was ich tat,
damit es auch wirklich richtig gemacht wurde.
Verantwortungsbewusst zu handeln,
habe ich aber erst gelernt,
als ich die Konsequenzen meiner Fehler zu spüren bekam.
Jeder Fehler, den dein Kind macht,
ist ein Schritt nach vorn
auf dem weiten Weg zur Ganzheit.
Wann immer du eingreifst,
geht ihr beide einen Schritt zurück.

44

Den eigenen Sinn suchen

Wenn du deine Kinder
als die Sinngeber deines Lebens betrachtest,
ist dein Leben bedeutungslos.
Wenn du sie brauchst, um erfolgreich zu sein
oder dich erfolgreich zu fühlen,
kannst du nur fehlschlagen.

Deine Kinder wurden nicht geboren
um dein Leben zu vervollkommnen, sondern
um ihr eigenes zu leben.
Indem du nach innen schaust und erkennst,
dass du alles hast, was du brauchst,
wirst du frei.

Solange du meinst,
dass etwas in deinem Leben fehlt,
läufst du Gefahr,
deine Kinder zu brauchen,
um die Leere zu füllen.
Damit bürdest du ihnen etwas auf,
was viel zu schwer für sie ist.
Schaust du deine Kinder erwartungsvoll an,
wo du doch eigentlich dich selbst
anschauen müsstest?

45

Vollkommenheit

Wenn du von deinen Kindern Vollkommenheit erwartest,
wirst du immer enttäuscht
und sie werden immer frustriert sein.
Erkennst du jedoch, dass deine Kinder
immer und jederzeit
vollkommen sie selbst sind,
wird Frieden einkehren in dein Leben
und in das deiner Kinder.

Tritt einen Schritt zurück und schau hin.
Dann wirst du sehen, dass sich das Leben
auf natürliche Weise vervollkommnet.

Das Verhalten deines Kindes mag dir missfallen.
Vielleicht ist es sogar zerstörerisch.
Doch es ist, was es ist.
Es liegt an dir, es zu verstehen
und es zu deinem Wohl
und zum Wohl deines Kindes
zu nutzen.

46

Jeder Tag ist ein Tanz

Wenn Eltern den Weg des Tao verlassen,
fühlen sie sich auf einmal verletzlich.
Sie beginnen,
ihre Kinder zu fürchten
und um sie zu bangen.

Sie können nicht schlafen,
weil sie Angst haben, ihre Kinder zu konfrontieren,
zu korrigieren,
zu lieben
oder im Arm zu halten.
Tag für Tag sind sie zum Kampf gerüstet.

Für Eltern, die den Weg des Tao gehen,
ist jeder Tag ein Tanz.
Sie brauchen nichts zu fürchten
und bringen daher nichts als Freude hervor.

Ich erinnere mich an viele durchwachte Nächte
und so viele Tage,
an denen ich auf leisen Sohlen durch die Gegend schlich,
um jeder Konfrontation aus dem Weg zu gehen
und Unannehmlichkeiten zu vermeiden.
Bisweilen hatte ich gar das Gefühl,
dass meine wunderbaren Kinder
meine Feinde seien,
die mir im Weg standen und
mir das Leben schwer machten.
Wie dumm ich war.
Es gab keinen Grund, sich zu fürchten.

47

Geben

Deine Kinder stellen viele Forderungen
an deine Zeit und Energie.
„Tu dies für uns.
Kauf das für uns."
Sie glauben, es seien diese Dinge,
die sie von dir wollen.
Und es mag sein, dass du das
am Ende selbst glaubst.

Doch was sie wirklich wollen
ist dein Herz,
in verletzlicher, ehrlicher Liebe geschenkt.
Das lässt sich nicht
durch ständiges Machen und Kaufen ersetzen.
Je mehr du tust,
desto weniger schaffst du.
Je mehr du kaufst,
desto weniger hast du.
Doch indem du
dein wahres Wesen zeigst,
gibst du ihnen alles.

Natürlich tue ich von Zeit zu Zeit
etwas für meine Kinder.
Und oft macht es mir großen Spaß.
Doch was wirklich im Gedächtnis bleibt,
sind die kostbaren und glücklichen Augenblicke
der Stille,
eines guten Gesprächs
und des ehrlichen Austauschs.

48

Weniger ist mehr

Deine Kinder brauchen nicht mehr.
Jeder Tag bringt mehr Fakten,
mehr Krimskrams,
mehr Aktionen,
mehr Wünsche
und mehr Verwirrung
in ihr Leben.

Deine Aufgabe liegt im Reduzieren.
Versuche jeden Tag, etwas zu entfernen,
zu klären,
zu vereinfachen.
Die Weisheit der Gesellschaft lautet „mehr" –
und die Verwirrung wächst.
Die Weisheit des Tao lautet „weniger" –
und Gelassenheit kehrt ein.

Wenn du jeden Tag eine Minute weniger
mit Tun verbringen würdest
und eine Minute mehr
mit Sein und damit,
dich gemeinsam mit deinen Kindern
an einfachen Dingen zu erfreuen,
dann könntest du
in zwei Monaten
dein Leben
und das deiner Kinder von Grund auf verändern.
Eine Minute weniger.

49

Mit Respekt begegnen

Wenn sich deine Kinder gut benehmen,
begegne Ihnen mit Respekt und Güte.
Wenn sich deine Kinder danebenbenehmen,
begegne ihnen mit Respekt und Güte.

Wenn sie hassen,
liebe sie,
Wenn sie dein Vertrauen
missbrauchen,vertraue ihnen.

Der Fluss des Lebens nährt
alles, was er berührt
ohne etwas zu fordern.
Du findest Glück
und Zufriedenheit,
wenn du seinem Beispiel folgst.

Akzeptiere diese schwierige Wahrheit.
Indem du Respekt zeigst angesichts von Respektlosigkeit,
Liebe angesichts von Hass,
Vertrauen angesichts von Verrat
und Gelassenheit angesichts von Aufruhr,
gibst du deinen Kindern mehr mit auf den Weg
als sämtliche Moralprediger aller Zeiten
der Menschheit jemals mit auf den Weg gegeben haben.

50

Loslassen

Indem du ständig um das Wohl deiner Kinder besorgt bist,
sperrst du dich selbst
und sie
in einen Käfig der Anspannung.
Wenn du versuchst,
sie immer nah bei dir zu halten,
bringst du dir selbst
und ihnen
nichts als Leid.
Wenn du sie jedoch loslassen kannst,
damit sie ihr Leben voll und ganz leben
und ihrem Tod gelassen entgegensehen können,
wirst du keine schlaflosen Nächte mehr haben.

Je mehr ich mich an meine Kinder
und an meine eigenen Wünsche klammerte,
desto gefährlicher erschien mir das Leben.
In dem Maße, in dem ich meine
Absichten und Pläne losließ
und die Dinge so nahm, wie sie kamen,
wurde das Leben sicherer für uns alle.

51

Kinder lieben das Leben

Deine Kinder lieben das Leben auf ganz natürliche Weise.
Ihre Liebe zum Leben ist spontan
und unbewusst.
Sie erfreut sich am Spiel des Lichts
und an jeder Farbschattierung.
Sie bestaunt jede Form
und Gestalt.
Sie tanzt unbefangen
im Körper deiner Kinder.
Diese Liebe ist nicht anerzogen.
Sie lässt sich nicht lehren,
nur leben.

Wenn du diese Liebe für deine Kinder lebst,
wirst du sie führen,
ohne eine bestimmte Reaktion zu verlangen.
Du wirst sie willkommen heißen,
ohne sie mit Zuneigung zu überschütten.
Du wirst ihnen das Leben schenken,
ohne sie jemals besitzen zu wollen.
Du wirst ihre Träume nähren
und ihre Selbstachtung bewahren.
Sie werden dich auf natürliche Weise ehren,
nicht weil du so bist, wie du bist,
sondern weil sie so sind, wie sie sind.

Mach dir keine Gedanken darüber,
wie dich deine Kinder behandeln.
Konzentriere dich lieber darauf,
wie du dich selbst behandelst.
Wenn deine Kinder erkennen,
dass du wahrhaft du selbst bist,
werden sie nach und nach zu ihrer natürlichen Freude
an sich selbst und an dir zurückfinden.

52

Alles ist gut

Alle Geschöpfe sind mit dem Tao verbunden –
für alle Zeit.
Das Leid beginnt,
wenn Eltern das vergessen.

Wenn du vergisst, dass du verbunden bist,
suchst du überall nach Sicherheit
und kannst sie nicht finden.
Du erwartest von deinen Kindern,
dass sie deinem Leben Sinn geben,
doch sie können es nicht.
Wenn sie dich in deinem Schmerz sehen,
vergessen auch sie ihre Verbindung
und ihr wandelt alle in der Finsternis.

Indem du dich jedoch erinnerst,
dass alles gut ist,
gut war und gut sein wird,
bringst du dir
und deinen Kindern das Licht.

Mein Vater machte sich ständig
Sorgen um die Zukunft.
Ich habe diese Lektion gut gelernt.
Es kostete mich Jahre, sie zu verlernen,
und immer noch vergesse ich.
Was werden deine Kinder verlernen müssen?
Was kannst du jetzt tun, um ihnen zu helfen?

53

Mach es nicht unnötig schwer

Weise Eltern wollen alle sein,
doch nur wenige wählen diesen Weg.
Das ist bedauerlich,
denn es ist ein leichter Weg,
ein Weg voller Freuden
und Belohnungen.
Es ist jedoch leicht, sich zu verlaufen.
Ablenkungen gibt es überall.
Wenn der Druck von außen wächst,
achte gut auf das, was geschieht.

Kümmerst du dich um deine Karriere,
während deine Kinder auf gefährlichen Pfaden wandeln?
Kaufst du teure Spielsachen,
um dein schlechtes Gewissen zu beruhigen,
während sich deine Kinder
in all dem Überfluss verlieren?
Versinkst du in Depression
während deine Kinder nach Freude hungern?

Mach das Elternsein nicht unnötig schwer.
Es bedarf nur der Konzentration.
Sich zu sorgen, ist keine Konzentration.
Nach Macht zu streben, ist keine Konzentration.
Sich abzulenken, ist keine Konzentration.
Entspannte, klaglose Aufmerksamkeit
für das, was vor dir liegt,
jetzt, in diesem Augenblick,
ist Konzentration.

Was liegt jetzt vor dir?
Nein, nicht deine Sorgen oder Klagen,
was ist da,
jetzt, in diesem Moment?

54

Klarheit und Freiheit

Tugend entspringt dem Wesenskern deiner Kinder.
Sie ist ein natürlicher Teil ihres Seins.
Sie können ihrer nie beraubt werden.
Sie folgt ihnen auf all ihren Wegen.
Sie führt sie durch dick und dünn.
Sie lässt ihr Leben aufblühen
und erfüllt es mit Freude.

Inmitten all der Stimmen,
die mal „hierher“
und mal „dorthin“ schreien,
lernen deine Kinder,
auf ihr eigenes Herz zu hören.
So werden sie weise handeln.
Du brauchst dir keine Sorgen zu machen.

Wie kannst du aufhören, dir Sorgen zu machen?
Schau in dein Inneres.

Wir vertrauen nicht auf natürliche Gutheit.
Wir meinen, das Gute müsse von außen
erzwungen werden.
Doch alle törichten Entscheidungen
sind das Ergebnis von Verwirrung und Angst.
Verwirrung und Angst aber wachsen
durch ständiges Drängen und Predigen.
Hast du eine Möglichkeit,
mehr Klarheit und Freiheit zu schaffen?

55

Was kannst du von deinen Kindern lernen?

Für deine Kinder gibt es viel Wichtiges zu lernen,
doch noch weit Wichtigeres zu lehren.

Was kannst du von ihnen lernen?
Vollkommen aufmerksam zu sein.
Den ganzen Tag unermüdlich zu spielen.
Eine Sache sein zu lassen
und die nächste zu beginnen,
ohne zurückzuschauen.
Dich zu bewegen und zu sitzen,
ohne die Muskeln zu verspannen
oder die Knochen zu belasten.

So lernen weise Eltern
und werden
mit jedem Tag jünger.

Wie glücklich wäre dein Leben,
wenn du jedes Mal,
nachdem du deinen Kindern eine neue Idee oder Fertigkeit
aus deiner Welt vermittelt hast,
innehalten und abwarten würdest,
bis sie dir etwas aus der ihren beigebracht haben.
Was kannst du heute von ihnen lernen?

56

Du hast einiges zu lernen

Was wir unseren Kindern am dringendsten
beibringen möchten,
haben wir selbst noch nicht begriffen.
Also versuchen wir ständig zu lehren,
was wir selbst nicht wissen.

Das ist unsinnig.
Versuche statt dessen zu schweigen.
Schau dir die Situation genau an.
Höre aufmerksam zu.
Öffne deinen Geist für neue Sichtweisen.
So lernst du, was du wissen musst.
Und du zeigst deinen Kindern,
wie sie ihre Lektionen lernen können.

Nichts ist für Kinder lehrreicher
als Eltern, die zum Lernen bereit sind.
Welche Verhaltensweisen deiner Kinder
beunruhigen dich?
Was sagt dir das über dich selbst?

57

Belohnung und Strafe

Sei vorsichtig mit den Regeln,
die du für deine Kinder aufstellst.
Regeln mindern die Verantwortung.
Sei vorsichtig mit den Belohnungen,
die du deinen Kindern gibst.
Belohnungen mindern die Selbstachtung.
Sei vorsichtig mit den Strafen,
die du deinen Kindern auferlegst.
Strafen mindern das Vertrauen.

Überlass es der Natur der Dinge,
Lektionen zu erteilen,
und nicht deinen eigenen Plänen
oder Bedürfnissen.
Dann tritt Aufrichtigkeit an die Stelle von Regeln,
Zufriedenheit an die Stelle von Strebsamkeit,
Spiritualität an die Stelle von Religion,
Gesang an die Stelle von Streit
und Tanz an die Stelle von Kampf.

Sage mir nicht, dies sei zu einfach.
Es kann für Eltern
wohl kaum etwas Mutigeres geben,
als beiseite zu treten
und ihre Kinder,
auch wenn es ihnen das Herz bricht,
die natürlichen Konsequenzen
ihres Tuns erfahren zu lassen.

58

Du kannst es nur vorleben

Wenn du große Erwartungen
an deine Kinder hast,
bürdest du ihnen eine große Last auf.
Wenn du versuchst, sie gut zu machen,
bringst du nur ihre Laster hervor.

Lass dein Lehren subtil sein.
Lass deine Stärke auf
Flexibilität beruhen.
Lass deine Tugenden natürlich
und nicht geziert sein.

Wenn du deinen Kindern
mit Bescheidenheit,
Anmut, Vergebung und Freude begegnest,
was werden sie dann wohl lernen?

Es gibt nichts Wichtigeres,
als dass du selbst ein integres Leben führst.
Tugenden lassen sich
nicht lehren, nicht auferlegen,
nicht beherrschen, nicht erzwingen
und nicht abnötigen.
Du kannst sie nur vorleben.
Richte dein aufrechtes Bemühen
nur auf dein eigenes Handeln
und nicht auf das deiner Kinder.

59

Strebe nach Glück

Um eine glückliche Mutter, ein glücklicher Vater
sein zu können,
musst du frei sein von Ehrgeiz,
sowohl was dich selbst
als auch was deine Kinder betrifft.
Ehrgeiz verhärtet die Muskeln
und lässt den Geist spröde werden.
Er nimmt dir die Biegsamkeit, die nötig ist,
um sich im Wind des Wandels wiegen.

Wenn du deinen Ehrgeiz jedoch aufgibst,
kannst du das ganze Leben
im Guten wie im Bösen nutzen,
um das Feuer des Glücks zu entfachen.
Weil du nichts forderst, hast du alles
und auch deinen Kindern fehlt es an nichts.

Schmiedest du im Verborgenen oder auch ganz offen
ehrgeizige Pläne für dich selbst und deine Kinder?
Sind sie realistisch?
Was geschieht, wenn sie sich nicht erfüllen?
Die Wege der Kindheit
sind mit Entmutigungen gepflastert.
Kinder messen sich oft
an unerreichbaren Idealen
von Leistung, Schönheit und Beliebtheit.
Ermutige solche Vergleiche nicht.
Ermutige das Glück.

60

Einen Garten anlegen

Mit schwierigen Kindern umzugehen, ist so,
als würde man den Pflanzen im Garten
beim Wachsen zusehen.
Widerstehe der Versuchung
die Pflanzen auszugraben,
um zu prüfen, was mit ihren Wurzeln los ist.

In schwierigen Zeiten
laufen Kinder im Konflikt zur Höchstform auf.
Nimmst du den Köder,
tobt der Kampf.
Tritt lieber einen Schritt zurück,
atme tief durch,
entspanne dich
und bleib in deiner Mitte.
Zum Streiten gehören zwei.
Allein zu streiten, wird schnell langweilig.

Gibt es Zeiten, in denen du
aller Mühe zum Trotz
deinen Willen durchsetzen musst?
Natürlich kommt das vor.
Doch denke daran,
dass es viel seltener ist
als du denkst.
Ist es im Moment wirklich nötig zu kämpfen?

61

Akzeptiere dich selbst

Wie lernen Kinder aus ihren Fehlern?
Indem sie sehen, wie du aus deinen lernst.
Wie lernen Kinder,
ihre Misserfolge zu verkraften?
Indem sie sehen, wie du deine verkraftest.
Wie lernen Kinder, sich selbst zu vergeben?
Indem sie sehen, wie du dir selbst vergibst.

Darum sind deine Fehler
und deine Misserfolge Glücksfälle,
Gelegenheiten, als Vater oder Mutter
das Beste zu zeigen.
Und jene, die dich auf deine Fehler hinweisen,
sind nicht deine Feinde,
sondern deine wertvollsten Freunde.

Deine Kinder merken sehr wohl,
wie du mit Kritik umgehst.
Wenn du dich rechtfertigst
und zum Gegenangriff übergehst,
lernen sie, ihre eigenen Fehler zu vertuschen
und zu verleugnen.
Gibt es etwas, das du im Augenblick
mit Depression, Selbstbestrafung
oder Feindseligkeit vertuschst?
Bring Licht ins Dunkel.
Akzeptiere dich selbst und vergib dir,
und deine Kinder werden glücklich sein.

62

Sei fröhlich

Selbst der größte Reichtum
hilft dir nicht, wenn es darum geht,
deine Kinder etwas zu lehren.
Selbst die größte Macht
hilft dir nicht, wenn es darum geht,
ihr Glück zu sichern.
Selbst der größte Erfolg im Leben,
hilft dir nicht, wenn es darum geht,
ihnen Sicherheit zu geben.

Denk daran, dass du mit Predigten niemandem
etwas beibringen kannst.
Lass Frieden, Zufriedenheit,
Liebe und Mitgefühl in deinem Leben walten.
Das ist deine Form der Belehrung.
Das ist deine Botschaft.

Je mehr Fröhlichkeit ich mir zugestanden habe,
desto fröhlicher wurden meine Kinder.
Je mehr ich zu mir selbst gefunden habe,
desto mehr fanden sie zu sich.
Ich habe das erst spät erkannt.
Warte nicht.

63

Schau deinen Problemen ins Gesicht

Schau den Problemen, die du
mit deinen Kindern hast, ins Gesicht,
solange sie noch klein sind.
Wenn du dich ihnen ganz
und ohne Vorbehalte widmest,
sind deine Probleme
auf einmal kein Problem mehr.

Ein Problem ist keine Unterbrechung
eines ruhigen und glücklichen Lebens.
Ein Problem ist ein normaler Bestandteil
eines solchen Lebens.
Es bedarf keiner Anstrengungen.
Wenn du ruhig und achtsam bist,
lösen sich die Probleme von selbst.

Jahrelang hatte ich Angst
vor den Problemen meiner Kinder.
Ich hatte genug mit meinen eigenen zu tun.
Ich versuchte, ihre Probleme
per Erlass und Verordnung von oben zu lösen.
So wurden ihre Probleme immer größer.
Ich achtete nicht auf mich selbst.
Wie konnte ich da auf sie achten?
Jetzt, wo ich älter bin,
sind Probleme keine Probleme mehr,
sondern ein Teil des Lebens.
Sie brauchen uns nicht
von unseren Kindern zu trennen.
Hab keine Angst.

64

Der einzig wichtige Schritt

Du brauchst aus deinen Kindern
keine wundervollen Menschen zu machen.
Du musst sie nur daran erinnern,
dass sie wundervolle Menschen sind.
Tust du dies konsequent
vom Tag ihrer Geburt an,
fällt es ihnen leicht, es zu glauben.

Du kannst anderen Menschen
deinen Willen nicht aufzwingen.
Du kannst deine Kinder
auf dem Weg zur Reife nicht antreiben.
Der einzig wichtige Schritt
auf der langen Reise ihres Lebens
ist der nächste, winzig kleine.

Als mein Sohn ein Teenager war,
schenkte ich ihm einen Aufkleber:
„Mein Sohn ist ein durchschnittlicher Schüler
und ein wundervoller Mensch."
Mein Sohn war begeistert.
Meine beiden Kinder waren, sind
und werden immer
wundervolle Menschen sein.
Das gleiche gilt für deine Kinder.
Was auch immer geschieht.

65

Wissen oder Weisheit

Wenn du versuchst, deinen Kindern
alle Fakten und Informationen zu vermitteln,
die dir wichtig erscheinen,
wissen sie am Ende gar nichts.
Indem du ihnen jedoch hilfst,
tief in ihr Inneres zu schauen,
führst du sie zu der Quelle,
aus der alle Antworten fließen.

Erwarte nicht, dass deine Kinder
in der Schule weise werden.
Klassenbester zu sein,
ist keine Garantie für Glück.
Auf den Weg des Tao müssen deine Kinder
von anderen geführt werden.
Vielleicht von dir.

66

Mit gutem Beispiel vorangehen

Wenn du möchtest, dass deine Kinder
einen bestimmten Weg gehen,
musst du sie führen, wie der Ozean
einen Fluss heimführt,
indem er seine Wasser stets niedriger hält.

Wenn du deine Kinder
manipulierst, zwingst und drängst,
hast du keinerlei Macht.
Wenn du ihnen jedoch mit Bescheidenheit, Sanftmut
und gutem Beispiel vorangehst,
brauchst du keinerlei Macht.

Glaube ja nicht, dass du Macht
über deine Kinder haben kannst.
Das ist eine große Illusion.
Schon mit sechs Jahren
tun sie, was sie wollen.
Du kannst sie manipulieren,
bis sie glauben, das zu wollen,
was du willst.
Doch ist es das, was du willst?

67

Mitgefühl, Geduld und Einfachheit

Es gibt nur drei Dinge,
die du deinen Kindern beibringen musst:
Mitgefühl, Geduld und Einfachheit.
Manche meinen, dies sei absurd.
Sie bringen ihren Kinder lieber
Ehrgeiz, Eifer und Konsumfreudigkeit bei
und behaupten, dies sei der Weg des Erfolgs.

Doch wenn deine Kinder Geduld lernen,
sehen sie die Welt, wie sie wirklich ist.
Lernen sie Einfachheit,
sehen sie sich selbst, wie sie wirklich sind.
Und lernen sie Mitgefühl,
heilen sie sich selbst
und die Welt.

Wenn Eltern den Weg des Tao gehen,
scheinen sie oft im Widerspruch
zu dem zu stehen, was „Erziehungsexperten" sagen.
Das Missverständnis liegt in uns Eltern selbst.
Wir wissen nicht, was wir wirklich wollen
oder wer wir wirklich sind.
Mitgefühl, Geduld und Einfachheit
lassen sich nicht vermitteln,
bevor man sie selbst erfahren hat.
Und haben wir sie erst einmal erfahren,
brauchen wir sie nicht mehr zu vermitteln.
Wir leben sie einfach.
Und dadurch lernen unsere Kinder.

68

Spiel und Spaß

Bevor deine Kinder Gewinnen und Verlieren lernen,
spielen Sie Spiele, weil sie Spaß daran haben.
Dann aber meinen sie auf einmal,
dass sie im Spiel, im Geschäftsleben
und im Krieg Sieger sein müssen.
Ja, sie lernen sogar,
in der Liebe zu gewinnen oder zu verlieren.

Das Tao aber lehrt,
dass Spiele Spaß machen,
dass Geschäfte dem Gemeinwohl dienen,
dass es im Krieg keine Sieger gibt,
und dass die Liebe für alle reicht.

Spielst du um des Spaßes willen?
Arbeitest du, um dem Gemeinwohl zu dienen?
Teilst du die Welt in Freunde
und Feinde?
Liebst du nur bestimmte Menschen?
Kannst du in der Liebe wirklich „verlieren"?
Schau ehrlich hin.
Deine Antworten werden dir sagen,
was deine Kinder wirklich lernen.

69

Kampfkunst

Ein Meister der Kampfkunst kann
nachgeben und dennoch siegen.
Kommt der Schlag seines Gegners,
ist er nicht da.
Er bewegt sich
und hält dennoch die Stellung,
beugt sich
und bleibt dennoch im Gleichgewicht.

Eltern müssen das gleiche tun.
Leisten deine Kinder Widerstand,
begegne ihrem Widerstand nicht mit Gewalt.
Beuge dich, und sie stolpern.
Du gewinnst einen Punkt,
ohne sie zu verletzen.
Und so siegst du,
weil du nachgiebig bist.

Ich wünschte, alle Eltern
würden die Kunst des Tai Chi Chuan beherrschen.
In dieser anmutigen Kampfkunst
sind Gleichgewicht, Weichheit,
Flexibilität und Eleganz
die Mittel, die ihr
Ziel stets erreichen.
Dies soll nicht heißen,
dass deine Kinder stets ihren Willen bekommen.
Ganz im Gegenteil.

Du führst sie standhaft,
aber ohne Gewalt, Druck und Leid.
Dies ist ein schwieriges Unterfangen,
aber es wird reich belohnt.

70

Vertraue auf das Tao

Die Lehren des Tao für Eltern
sind einfach und natürlich.
Wenn du jedoch versuchst sie anzuwenden,
wirst du auf großen Widerstand stoßen.
Jahrtausendelang wurden Kinder
im Widerspruch zum Tao erzogen.
Niemand wird dir beistehen.

Doch sieh nur, was bewirkt wurde
in Tausenden von Jahren.
Und dann schau in dein Herz.

Der Weg des Tao
war schon immer da.
Manche Eltern gehen ihn.
Nur wenige sprechen darüber.
Er erscheint ihnen nur natürlich.
Sie nennen ihn nicht den Weg des Tao.
Sie gehen ihn einfach.
Doch für viele von uns
bedeutet Elternsein Kampf.
Es gibt einen besseren Weg.
Du brauchst ihn nicht zu lernen.
Du kennst ihn schon.
Du musst nur darauf vertrauen.

71

Vertraue dir selbst

Eltern mit Selbstvertrauen
wissen nicht in jeder Situation,
was zu tun ist.
Eltern mit Selbstvertrauen wissen,
dass sich das Wissen aus der Situation ergibt.

Solche Eltern
denken unkompliziert
und sind bereit,
vorurteilsfrei zu reagieren.
Solche Eltern handeln immer richtig.

Ich habe Vertrauen
in die Zukunft meiner Kinder
und in meine eigene Zukunft,
weil ich weiß,
dass wir alle Teil des Tao sind:
Was auch kommen mag –
Gutes und Böses, Leben und Tod –
es ist immer wahr.
Wenn die Zeit reif ist,
werde ich
genau wissen, was zu tun ist.

72

Natürliche Spiritualität

Versuche nicht,
deinen Kindern eine Religion beizubringen.
Lehre sie lieber,
das Wunder des Lebens
in all seinen Ausdrucksformen zu bestaunen.
Eine natürliche Spiritualität
wächst und gedeiht in ihrem Herzen.
Indem du ihnen eine Religion beibringst,
machst du sie abhängig
von den Worten anderer.
Lernen deine Kinder hingegen,
auf ihre eigenen Erfahrungen zu bauen,
werden sie niemals fehlgehen.

Ich habe zwanzig Jahre lang
als Geistlicher gearbeitet.
Ich weiß mit Gewissheit, dass Religion
und natürliche Spiritualität
zwei verschiedene Dinge sind –
so verschieden wie Tag und Nacht.
Sorge dich nicht
um die Seele deiner Kinder.
Ihre Seele
gehört dem Tao
und ist das einzige Gut im Leben,
das jenseits aller Gefahren ist,
auf immer und ewig.

73

Mit offenen Armen

Weise Eltern streben nach nichts
und erreichen dennoch immer ihr Ziel.
Sie sind da,
aber sie mischen sich nicht ein.
Sie reden,
aber sie predigen nicht.
Sie lassen ihre Kinder los,
aber sie verlieren sie nicht.

Solche Eltern sind wie das Tao.
Sie öffnen ihr Herz
und ihre Arme ganz weit,
ohne jemals etwas zu verlieren.

Wenn ich meine Kinder
und andere Schätze festhalte,
habe ich nur so viel,
wie meine Arme halten können.
Und selbst das
entzieht sich meinem Zugriff.
Doch je weiter ich meine Arme öffne,
desto mehr finde ich.
Wenn ich sie ganz öffnen kann,
werde ich alles haben.

74

Der Fluss des Wandels

Das Kind, das du heute siehst,
wird es morgen nicht mehr geben.
Das Kind, das mittags von der Schule kommt,
ist anders als jenes,
das morgens aus dem Haus gegangen ist.
In jedem Augenblick stirbt alles,
was vorausging,
und alles, was kommt, wird geboren.
Du musst in den Fluss springen
und dich in seiner Strömung treiben lassen.
Wenn du versuchst, den Fluss anzuhalten,
wirst du ertrinken.

Weder wir selbst
noch unsere Kinder
können Veränderungen,
Verlust und Tod vermeiden.
Doch unsere Kinder
betrachten all das durch die Brille,
die wir ihnen aufsetzen.
Wenn es dir gelingt,
über deine Angst
vor diesen drei Dingen hinauszuschauen,
haben deine Kinder
eine bessere Sicht.

75

Raum und Zeit

Wenn sich Eltern permanent
in die Welt ihrer Kinder hineindrängen,
geht deren unabhängiger Geist verloren.

Wenn Eltern eine Regel nach der anderen aufstellen,
um über das Verhalten ihrer Kinder zu bestimmen,
geht deren Selbstvertrauen verloren.

Behüte deine Kinder,
aber hab keine Angst,
sie allein zu lassen.

Ich hörte noch den Kindertherapeuten, der sagte:
„Man kannst nie zu viel Zeit
mit den eigenen Kindern verbringen."
O doch, man kann!
Natürlich brauchen deine Kinder
die Gewissheit, dass du da bist.
Aber sie brauchen auch
viel Raum, um die Spiele zu spielen,
die Zukunftsvisionen zu entwerfen und
die Träume zu träumen,
die der Kindheit vorbehalten sind.
Zu viel gemeinsam verbrachte Zeit
mag deinen Zwecken dienlich sein
aber nicht den ihren.

76

Halte nur am Mitgefühl fest

Die Fachleute sagen:
„Du musst konsequent sein,
um deine Kinder nicht zu verunsichern."
Unsinn.
Wer von uns ist schon konsequent?
Die Dinge verändern sich ständig.

Kinder werden verunsichert,
wenn ihre Eltern erstarren
und Regeln höher bewerten als die Liebe.
Sei konsequent flexibel.
Halte nur am Mitgefühl fest.

Mit zunehmendem Alter wird der Mensch
auf körperlicher und geistiger Ebene
entweder weich und nachgiebig
oder hart und spröde.
Ich kenne gute Beispiele
für jeden Typ und du auch.
Wohin entwickelst du dich?

Kinder sind
körperlich und geistig flexibel.
Wir können ihnen kein größeres Geschenk machen,
als es ihnen gleichzutun.

77

Nicht siegen wollen

Eltern, die dem Tao folgen,
versuchen nicht,
ihre Kinder zu besiegen.

Sie brauchen keine Siege,
um ihre Position zu wahren.
Ihre Position ist sicher.
Sie lassen auch nicht zu, dass ihre Kinder
sie besiegen.
Das würde ihren Kindern schaden.

Gewinnen und verlieren
ist für solche Eltern
bedeutungslos.
Sie finden stets das rechte Maß
zwischen zu viel
und zu wenig.
Keiner fürchtet sie.
Sie fürchten keinen.

Besonders wenn unsere Kinder noch klein sind,
kommt es manchmal vor,
dass wir uns durchsetzen müssen.
Doch das soll nur geschehen, um sie zu schützen.
Es ist allzu einfach,
die eigene Größe und Kraft einzusetzen,
um unsere Kinder einzuschüchtern
und die Richtung vorzugeben.
So wird das Tao nicht gelehrt.

78

Schwierigkeiten durch Nachgeben überwinden

Im Angesicht von Mühsal und Sorgen
müssen Eltern wie Wasser werden.
Sie müssen die Härten des Lebens
willkommen heißen
und in ihr Herz schließen.
Tod und Verlust lassen sich
mit Sanftmut und Gelassenheit überwinden.

Wir alle wollen unsere Kinder
vor den Sorgen und Verlusten des Lebens schützen.
Das können wir nicht.
Doch durch unser Verhalten
im Angesicht solcher Situationen
können wir unseren Kindern alles geben,
was sie brauchen, um ihren Frieden zu bewahren.
Denk an das Wasser.
Nichts Hartes kann es aufhalten.
Welche Härte trifft dich im Augenblick?
Was lernen deine Kinder,
wenn sie dich beobachten?

79

Keine Vorwürfe machen

Eltern, die im Geist des Tao leben,
beschuldigen niemanden.
Sie sehen sich abends die Nachrichten an,
ohne zu klagen.
Sie beobachten die Fehlschläge anderer,
ohne sich daran zu weiden.
Wenn ihre Kinder
sie enttäuschen,
bleiben sie gelassen.
Sie erfüllen ihre eigenen Pflichten
und sorgen sich nicht um andere.

Es gibt keinen Grund, unseren Kindern
irgend etwas vorzuwerfen.
Natürlich können wir
ihr Verhalten korrigieren.
Wir können sie behutsam
und mit Weisheit führen.
Doch das ist nicht das einzige Problem.
Beobachte, was du sagst,
sieben Tage lang.
Notiere, wann immer du dich
über irgend etwas beklagst
oder jemandem einen Vorwurf machst.
Deine Kinder hören zu.
Lernen Sie, anderen Vorwürfe zu machen,
oder konstruktiv zu handeln?

80

Leeres Nest

Wenn Eltern den Weg der Weisheit gehen,
sind ihre Kinder glücklich.
Sie geben sich
mit einfachen Dingen zufrieden
und suchen nicht ständig nach Unterhaltung,
um sich die Zeit zu vertreiben.

Sie sind gern zu Hause
und müssen nicht anderswo
nach Zustimmung und Akzeptanz suchen.
Wenn sie aus dem Haus gehen,
um auf eigenen Beinen zu stehen,
nehmen Sie Vertrauen,
Zufriedenheit und Freude mit.
Und ihre Eltern lassen sie
mit Genugtuung und Freude in Frieden ziehen.

Das „Syndrom des leeren Nests"
macht Eltern des Tao
keine Probleme.
Natürlich vermissen wir unsere Kinder.
Doch ihr Leben lang haben wir ihnen geholfen,
das Leben anzunehmen
und Veränderungen willkommen zu heißen.
Wir haben gelernt, das gleiche zu tun.
Neue Dinge warten auf uns.
Unser Nest
und das ihre
ist niemals leer.

81

Im Fluss des Lebens

Worte können unseren Kindern
kein Wissen vom Tao vermitteln.

Wir müssen nicht streiten.
Wir müssen nicht lehren.
Wir müssen nicht drängen.
Wir müssen nicht streben.

Wir müssen nur zufrieden
im Fluss des Lebens schwimmen.

Meine Worte haben ein Ende.
Ich habe sie für mich geschrieben,
auf dass ich sie oft genug hören möge,
damit ich irgendwann beginne, sie zu verstehen.
Und in dem Maße, wie sich Verständnis einstellt,
fange ich vielleicht an, sie zu leben.
Wenn dir der Blick über meine Schulter
ein wenig Freude bereitet hat,
bin ich zufrieden.